1789 — 1830.

LA
RÉFORME ÉLECTORALE
ET LA CHARTE.

Au sujet de la Brochure publiée par **M.** *le vicomte de la* **Rochefoucault,** *ayant pour titre :* UN MOT AU MINISTÈRE.

Salus populi suprema Lex...

PAR CYPRIEN DESMARAIS,

Auteur : des Études critiques sur les Historiens de la Révolution française. — Des Brochures sur l'Émancipation des Communes. — De la Logique politique. — Sur la Civilisation et la Liberté, etc.

PRIX : **1** FR.

Paris.

CHEZ DENTU, LIBRAIRE, AU PALAIS-ROYAL.

—

1838.

Imprimerie de HERHAN et BIMONT, rue du Caire, 32.

1789-1830.

LA RÉFORME ÉLECTORALE
ET LA CHARTE.

M. le vicomte de la Rochefoucault vient de publier un écrit d'une haute utilité. Il sonde les plaies de la patrie ; il cherche un remède à une situation politique pleine d'anxiétés et de périls : il interroge cette grande question de la réforme électorale, dont les passions ont retardé jusqu'à présent la solution, et qui bien comprise deviendra un port de salut pour la France.

Les lois restrictives de la liberté de la presse, que le pouvoir a cru devoir demander aux Chambres dans l'intérêt de sa conservation, ont servi à hâter la maturité de la grande question de la réforme électorale, en refoulant par un effort violent, dans le sein de l'opinion publique, les élémens qui la composent. Cette question livrée aux débats bruyans de la presse avait pu sembler d'abord un produit seulement du grand mouvement anarchique que la dernière révolution avait imprimée à toute les pensées. Dans les temps qui suivent immédiatement le

triomphe des révolutions, les idées qui on pris
part à ce triomphe sont portées à considérer
comme anarchiques toutes les idées d'ordre et
de reconstruction sociales qui leur sont oppo-
sées. Mais le triomphe des idées révolutionnaires n'est jamais que momentané au sein des
vieilles sociétés : par un instinct puissant elles
recherchent aussitôt les moyens naturels de
leur propre conservation. Ainsi, les idées rela-
tives à la réforme électorale qui après 1830,
semblaient hostiles au pouvoir, ont pu finir par
être considérées comme un moyen de salut
pour ce pouvoir lui-même.

C'est ce qui est en effet arrivé, et j'en trouve la
démonstration dans les faits si clairement retra-
cés dans l'excellent écrit de M. de la Rochefoucault

Mais une démonstration nouvelle s'est ma-
nifestée à mon esprit, et elle m'est plus clairement apparu après avoir lu cette brochure
avec toute l'attention qu'elle mérite : c'est que
la réforme électorale est contenue en germe
dans la charte de 1830 : et l'on peut ajouter
qu'elle est le vœu de cette charte même et de
la société qu'elle domine ; parce que le salut de
l'une et de l'autre est dans l'accomplissement
de ce vœu.

Avant de passer a cette démonstration, qu'il

me soit permis de rappeler ici, quelles furent mes prévisions dès l'année 1831, afin de montrer la suite et pour ainsi dire la coincidence et la fermeté de mes convictions sur ce point ; convictions que vient corroborer encore aujourd'hui l'autorité de l'écrit que je viens de citer.

En octobre 1831 je publiai ma dernière brochure sur *l'Emancipation des Communes* et *la nécessité de la réforme électorale*. Avant d'entrer en matière, je résumais la brochure précédente en ces termes : (1) « La précédente brochure sur
» *l'Emancipation des Communes*, contenait les
» déductions suivantes ; » (ce sont les sommaires de Chapitres.)

» De l'impossibilité gouvernementale ; »

» De la lutte nécessaire du pouvoir actuel
» contre son principe ; »

» Que la force sociale, depuis la révolution
» de Juillet, réside dans la garde nationale. »

» Comment la force sociale, qui réside actuellement dans la garde nationale tend à se
» transformer dans la réforme électorale ; »

» Qu'il est urgent de recourir à cette réforme ; »

» Que la réforme électorale est le seul moyen

_____

(1) Brochure in-8° ; chez M. Dentu, libraire.

» d'échapper aux conséquences désastreuses de
» la crise actuelle. »

Dans les considérations que je plaçai à la suite de ce résumé, je rappelai la discussion mémorable qui eu lieu entre M. de Cormenin d'une part, MM. Devaux et Kératry de l'autre, sur le principe *de nécessité*, et je démontrai que la conséquence la plus nette qui se déduisait de ces argumentations, était le besoin de *la réforme électorale*. En effet la *nécessité*, en logique politique, ne saurait être un principe, puisque au contraire elle exclut toute idée de principes et n'est autre chose que leur suspension ; elle n'est qu'un fait transitoire qui n'arrête pas et ne saurait arrêter l'action des faits logiques.

Après la révolution de juillet je considérais trois forces en mouvement dans la société. La première était le fait du pouvoir constitué par l'établissement du 7 août 1830, la seconde, la force anarchique qui s'était développée dans la crise de juillet, et je disais, en parlant de la troisième force : « La troisième force, (1) » celle destinée nécessairement à dominer les » deux autres ou à absorber ce qu'il y a de

---

(1) 2me Brochure sur l'*Émancipation des Communes*.

» vitalité en elles, est la force sociale dont nous
» avons déjà parlé. Force immense, profonde ,
» agissant plus encore par sa puissance d'inertie
» que par son action au dehors, force énergique
» qui se réveille , et remue sourdement dans les
» grandes crises : dans les guerres dont la cause
» est sainte et légitime, et qui ont pour objet
» de sauver la nationalité des peuples ; c'est
» cette force qui fait surgir du sol d'innombra-
» bles bataillons ; c'est elle qui, après une com-
» motion violente, pénètre tout-à-coup les es-
» prits d'un principe nouveau, destiné à repla-
» cer la société sur son ancienne base. »

Mais où s'était réfugiée cette force sociale
après la révolution de juillet ? n'était-ce pas
dans le sein de la garde nationale ; or, cette
garde nationale qui sauva la patrie à cette épo-
que , ne représentait point la révolution de
juillet : tout au contraire, elle en était l'anta-
gonisme. La France entière a proclamé cette
vérité quand le cri public a dit, que la révolution n'aurait pas été accomplie, sans la faute
que commît Charles X en dissolvant la milice
armée.

Or , la force sociale représentée par la garde
nationale se levant instinctivement contre le désordre, n'est-elle pas elle-même la réforme élec-

torale transformée ? La réforme électorale n'a-t-elle pas pour objet d'investir chaque contribuable du droit de donner son vote dans les élections ! ou plutôt de lui rendre ce droit ancien que les révolutions lui ont ravi ! Ainsi, chaque garde national, dans la réforme devient un électeur au premier ou au deuxième degré ; de la même manière que chaque contribuable est devenu par le fait de la révolution de juillet, un garde national spontané.

Nous trouvons donc ici un fait matériel, qui devient en même temps un fait moral et un fait logique, qui satisfait pleinement l'esprit et la raison. Que devient, en présence d'un pareil argument, le principe de *nécessité*, soutenu par certains politiques ; qui, loin d'être un principe, n'est autre chose que la violation des principes mêmes, ainsi que son nom de *nécessité* l'indique : c'est un mot honteux qui ne se montre que la rougeur au front : c'est de lui, en effet, que le poète a dit :

Et la nécessité, l'excuse des tyrans.

Dès que nous avons découvert la force sociale, en fonction et en exercice dans la garde nationale, il faut, pour le salut de la patrie, que cette force ne demeure pas inerte et sans emploi, il faut que son action soit complétée et régularisée.

Mais comment cela pourra-t-il se faire, dès que nous avons reconnu que la garde nationale n'avait pas les mêmes tendances que le principe de Juillet? En d'autres termes, lequel des deux faudra-t-il faire prévaloir, ou du principe révolutionnaire, ou du principe social?

Nous allons bientôt découvrir que, par une combinaison providentielle, le secret de cette solution se trouve dans la Charte même de 1830.

Mettons d'abord de côté la débile argumentation attribuée au système de Casimir Périer, qui consistait à dire *que la souveraineté du peuple de 1830 s'était épuisée en produisant une Charte et un gouvernement nouveaux.*

Il suffit de faire remarquer ici qu'un principe ne s'épuise point, quand il produit ses conséquences : mais, ce qu'il est vrai de dire, c'est que le principe révolutionnaire de 1830, forcé de faire ce qui n'était pas dans sa nature, s'est émoussé, s'il ne s'est pas épuisé en produisant une Charte qui n'était point contenue dans ses prémices. La souveraineté du peuple, qui n'est autre chose que l'abus du principe électoral, et qui est au droit d'élection ce que la licence est à la liberté, ne saurait produire autre chose que l'anarchie et la confusion, parce qu'il considère plutôt l'individu que le citoyen.

Revenant à notre thèse, nous disons que le principe social, ou, en d'autres termes, que la réforme électorale, se trouve implicitement renfermée dans la Charte de 1830; et je déclare qu'en émettant cette proposition, je n'ai nullement l'intention d'attaquer l'origine du pouvoir actuel. Je salue donc très humblement, en passant, la loi de septembre 1835, en la priant de me laisser poursuivre mon raisonnement jusqu'au bout.

Les évènemens de 1830 ont produit des situations politiques incohérentes; ils ont voulu allier des choses inalliables; ils sont allé au rebours de la logique; ils ont été, en un mot, révolutionnaires.

M. de Larochefoucault rend dans sa brochure un compte très exact de cette incohérence politique; en parlant de ce fait extraordinaire, qualifié par M. Guizot d'extra-légal, il dit « qu'en déclarant que le trône était vacant » en fait et en droit, la Charte consacrait le » droit de l'insurrection qui avait fait vaquer le » trône. » D'un autre côté, « en établissant un » roi hériditaire, la Charte posait le principe

» monarchique dans le gouvernement. Il y
» avait donc dans la Charte deux principes en
» présence : le principe de souveraineté du
» peuple et le principe monarchique. Le peuple
» pouvait se croire autorisé par la Charte à do-
» miner le gouvernement. Le chef du gouverne-
» ment, investi d'un titre royal, pouvait se croire
» autorisé à exercer la suprématie inhérente
» à l'idée de la royauté. »

Ainsi, cette charte avait reçu dans son sein,
à la fois le calme et les tempêtes, la paix et la
guerre : tous les malheurs viennent de ce premier malheur ; toutes les contradictions, tous
les embarras ont été engendrés par ce conflit
qui se trouve écrit dans l'acte fondamental.
Delà, le système de résistance mis en œuvre
par Casimir Périer, le système Soult, le système d'intimidation ; systèmes bons en eux-
mêmes pour balayer l'émeute à coups de canon ; mais le canon ne peut tuer l'émeute
quand l'émeute a été mise et écrite dans la loi.

Delà enfin les difficultés, ou plutôt les im-
possibilités de la situation présente, car une
fois l'émeute chassée des rues, elle s'est, comme
le dit M. le vicomte de la Rochefoucault, réfugiée dans la chambre parlementaire. Et pour-
quoi cela arrive-t-il ainsi ? Par l'effet des inco-

hérences légales, si je puis m'exprimer ainsi, que l'on a placé dans l'acte constitutif : le duel entre la souveraineté du peuple, et le principe monarchique. Là souveraineté du peuple étant ainsi passée en fait légal, la chambre élective est portée à l'exercer exclusivement à son profit, toutes les fois que cette souveraineté quitte l'accoutrement grossier qu'elle endosse quand elle se montre dans les rues. Ce principe funeste devient plus dangereux alors, étant propagé sous des formes aristocratiques, et se présentant en habit de cour : c'est lui qui dit *le roi règne et ne gouverne pas.* Encore, quand il dit que *le roi règne*, il le dit dans un langage de transition.

Je pense donc que si l'on trouvait un moyen naturel de rectifier les principes qui ont été faussés violemment dans la Charte de 1830, on rectifierait par cela même toutes les positions politiques qui ont été produites.

Tout le mal vient de ce que la souveraineté du peuple a été écrite dans cet acte, et qu'ainsi on y a consacré le droit d'insurrection.

Eh bien ! de l'abus des choses, revenons à la chose même.

La souveraineté du peuple n'est autre chose que l'abus du principe de la souveraineté natio-

nale : mais il y a entre l'un et l'autre toute la
distance qui sépare la liberté de la licence.

Mais ce moyen de réparation, de rectifica-
tion, d'épuration, où est-il?

Il est tout simple et tout national : il est, en
un mot, dans la réforme électorale. En effet, la
réforme électorale vote dans les salles de la
mairie, et non point dans les rues ; elle parle et
discute, mais elle ne tue pas ; elle fait des péti-
tions et non des barricades ; elle ne proclame
pas un coup de canon plus fort que le droit,
elle consacre ce qui est juste, et non ce qui est
violent.

La réforme électorale, dont la garde nationale, comme nous l'avons dit, est l'expression,
repose sur le droit de cité ; la souveraineté du
peuple, au contraire, tend toujours à faire prévaloir ce qui est hors de la cité contre ce qui est
de la cité. Avec la réforme, qui est le droit électoral étendu à tous les contribuables, vous vous
appuyez surtout ce qui a intérêt à l'affermisse-
ment, à la conservation ; avec la souveraineté
du peuple au contraire, vous mettez en ébulli-
tion tout ce qui a intérêt au désordre et au
changement.

Une Chambre élective qui serait le fruit de
la réforme électorale, s'appuierait sur la France

entière et n'apporterait dans l'exécution de son mandat que des idées d'ordre et de conservation. Elle ne se croirait pas souveraine, parce que, pour qu'elle fut souveraine, il faudrait que tous les contribuables, réunis dans les collèges électoraux lui eussent donné un bill de souveraineté. La Chambre élective serait donc à la fois plus forte et moins téméraire : elle comprendrait qu'elle ne pourrait se faire constituante que par un fait de violence, en déchirant ses mandats, et en renouvelant la scène du *jeu de Paume.*

Ainsi on le voit, il suffirait d'interpréter la souveraineté du peuple dans le sens de la souveraineté nationale, et comme investissant du vote électoral tout homme ayant droit de cité, garde national et contribuable, pour obtenir le redressement de toutes les idées, et pour redonner à la France une force et une gloire que l'esprit de révolution ne saurait lui donner.

M. de la Rochefoucault dit dans un passage de son écrit (1) : « Il résulte de tout cela que le » titre *royal*, donné en 1830 à la branche d'Or- » léans, ne peut préjudicier à la suprématie

---

(1) *Un Mot au Ministère.* Page 13.

» gouvernementale de la Chambre ; que c'est la
» Chambre qui doit faire les ministres , que le
» président des ministres doit être un *président*
» *réel* et non fictif, et que le mandat des élec-
» teurs doit devenir à chaque renouvellement le
» programme du gouvernement.»

Et il ne pourrait en être ainsi avec la réforme électorale : les pouvoirs parlementaires
resteraient dans le centre de leurs attributions ;
parce que émanés d'une majorité électorale , au
lieu d'être le produit d'une très-petite minorité,
ils se considéreraient comme des représentans
de la souveraineté nationale et non point comme
des pouvoirs révolutionnaires , qu'une autre révolution chasse et renverse.

L'esprit de nationalité , devenu si rare parce
que de toutes parts l'esprit de révolution a pris
sa place , rentrerait dans nos mœurs en même
temps qu'il éclairerait les esprits et échaufferait
les âmes.

Je n'essairai point de retracer ici les périls de
la situation actuelle ; ils sont présens a tous les
esprits ; ils préocupent toutes les pensées : ils
peuvent se résumer en trois mots : impossibilité
dans le pouvoir, impossibilité dans le ministère,
impossibilité dans les Chambres. La réforme
électorale dénouerait le triple nœud de cette

triple impossibilité, dans un sens national, de grandeur et de prospérité; tandis que, d'après la *souveraineté du peuple* qui domine la charte de 1830, cette triple impossibilité ne pourra être dénouée que par l'anarchie. Il faudra bon gré, mal gré, revenir au point de départ : on est parti de l'anarchie, il faudra retourner à l'anarchie.

Nous ne dissimulons pas combien la question de la réforme électorale a eu de peine à pénétrer dans les esprits et à se populariser parmi nous. Le principe anarchique de la souveraineté du peuple, qui a servi à soulever le levier des révolutions, avait altéré les idées sur le principe de la souveraineté nationale. Il a fallu une longue et douloureuse expérience, pour faire comprendre le pouvoir de la vérité et de la raison à un peuple déshabitué de son ancienne institution, et dont les yeux se sont fatigués à regarder passer tant de fortunes diverses, à voir tomber tant de grandes choses et s'élever tant de petites. Il faut de rudes épreuves pour revenir à comprendre la liberté alors qu'on s'est fait une habitude du spectacle de la licence et des jeux de la fortune.

Mais aujourd'hui la question est parvenue à sa maturité ; on voit par expérience que le pouvoirs issus des révolutions ne peuvent gouverner avec l'esprit de révolution. Les préventions de parti s'effacent peu à peu. La victoire, quand elle reste inutile et sans fruit, instruit bien plus qu'une défaite.

Jamais situation plus favorable ne s'est offerte pour revenir à la vérite. Tous les obstacles qui empêchaient de marcher semblent écartés, et cependant on ne peut marcher. On s'étonne on s'effraie de sa propre impuissance : on a un gouvernement, et on ne peut pas gouverner ; les ministres abondent, et on ne peut trouver un ministère ; la France est laborieuse, économe, industrieuse ; ceux qui font les affaires sont économes et laborieux, et toute fois on ne peut faire d'économies, et l'on va creusant un énorme déficit.

En définitive, qu'y a-t-il donc à faire ? rien autre chose qu'à interpréter le mal-entendu, qui s'est glissé, par l'effet des circonstances violentes où l'on se trouvait dans la charte de 1830. On y a mis la souveraineté du peuple et le principe monarchique, qui sont incompatibles et ne peuvent vivre ensemble. Accepter cette charte avec ses deux principes qui se neutralisent et s'excluent, ce serait dire que la charte n'a pas de sens et qu'elle est inexécutable. Comme le dit l'axiôme du droit romain, *impossibilium nulla est obligatio.* Il faut donc de nécessité donner un sens à la charte de 1830, et pour lui donner un sens raisonnable il faut ramener la souveraineté du peuple, qui s'y est glissée et qui est incompatible avec le principe monarchique, au principe de la souveraineté nationale dont la réforme électorale est l'expression, et qui est parfaitement concordant avec le principe monarchique.

Résumons nous : La réforme électorale produit l'expression de la souveraineté nationale ; et nous avons prouvé que la charte de 1830 n'est exécutable qu'à la condition de substituer la souveraineté nationale à la souveraineté du peuple, principe incompatible avec le principe monarchique qui est écrit dans cette charte. N'est-ce pas avoir prouvé que le vœu de cette charte est la réforme électorale elle-même ! Ce fut le vœu de 89, ce doit être celui de la révolution de 1830. Je ne saurais mieux finir qu'en rappelant cette parole de l'illustre M. BERRYER, quand il disait à la tribune (8 juin 1838) : « Quand on n'a pas de système, on ne peut pas « gouverner, et quand on ne gouverne pas, tout « dépérit ».